태양

태양계의 어머니

박영득 지음

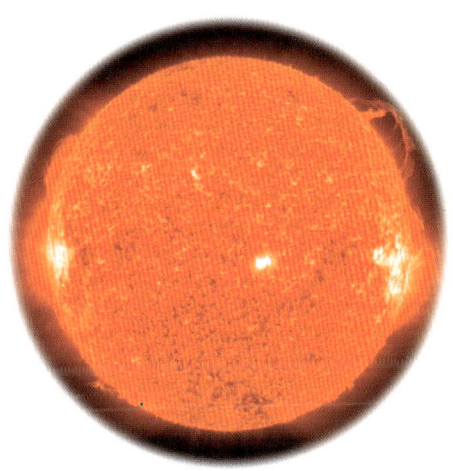

열린어린이

해돋이 수평선 위로 태양이 떠오릅니다. 부산광역시 해운대구 송정해수욕장에서 바라본 해돋이입니다. 태양은 매일 동쪽에서 떠서 서쪽으로 집니다. 해가 뜨고 질 때, 수평선에 빛이 굴절되면 태양의 아랫부분에 태양이 하나 더 있는 것처럼 보입니다. 그 모양이 그리스 문자 오메가(Ω)를 닮아서 오메가 현상이라고 부릅니다. 해와 태양은 같은 말입니다. 보다 일반적으로 해라고 하지요.

둥근 해가 떴어요.
해가 뜨면 밝아져요.
햇볕이 내리쬐면 금세 따뜻해져요.
해가 뜨면 세상에는 활기가 넘쳐요.
해는 지구에 힘을 주는 별이랍니다.

붉은 태양 태양의 오른쪽으로 거대한 홍염이 솟아올랐습니다. 원래 태양은 흰색이나 노란색이지만 사진 속의 태양은 붉은색입니다. 이것은 태양을 찍을 때, 빛의 파장을 다르게 했기 때문입니다. 빛의 파장에 따라 사진 속 태양의 색깔은 노란색이 될 수도 있고 초록색이 될 수도 있지요. 이 사진은 소호 위성에서 찍었습니다. 소호 위성은 태양과 지구의 중력이 똑같이 작용하는 곳에서 태양을 관측하고 촬영합니다. 소호 위성의 관측을 통해 흑점, 태양풍, 코로나 등 태양에 관한 많은 연구가 이루어지고 있습니다.

태양은 별입니다. 태양은 공 모양을 하고 있으며 활활 타는 거대한 불덩어리입니다. 태양은 스스로 빛을 냅니다. 태양의 중심에서 핵융합 반응을 하고, 여기에서 엄청난 에너지가 나와서 빛과 열을 냅니다.

우주에는 수많은 별이 있습니다. 태양은 그 가운데 하나입니다. 가장 큰 별도 아니고 가장 밝은 별도 아닙니다. 그러나 우리에게 가장 가까이 있는 별이지요.

절대로 태양을 똑바로 쳐다보지 마세요!

태양의 빛은 매우 강해서 태양을 똑바로 쳐다보면 눈을 다칠 수 있습니다. 선글라스도 눈을 완전하게 보호해 주지 못합니다. 망원경과 쌍안경은 돋보기 역할을 하기 때문에 더욱 위험합니다. 태양을 보려면 특수한 색유리를 사용하여 눈이 부시지 않을 정도로 빛의 강도를 줄여서 보아야 합니다.

태양의 일생 태양과 비슷한 질량을 가진 별의 일생입니다. 이런 별의 수명은 보통 100억 년입니다. 기체와 먼지 구름에서 만들어진 별은 수소를 태우며 빛을 냅니다. 이렇게 수십억 년이 지나면 수소는 다 닳게 됩니다. 그러면 크기는 크지만 온도는 낮은 적색거성이 됩니다. 이 단계가 끝날 무렵, 맨 오른쪽과 같은 행성상 성운이 만들어집니다. 행성상 성운의 색깔과 크기는 다양합니다. 시간이 더 지나면 작은 백색왜성만 남습니다.

약 46억 년 전에 우리 은하의 나선 팔에서 기체와 먼지가 뭉친 거대한 구름이 만들어졌습니다. 구름은 빠르게 회전하며 원반 모양이 되었습니다. 원반의 중심에는 작은 기체 덩어리가 만들어졌습니다. 이것은 회전하며 주변의 기체와 먼지를 끌어당겼습니다. 기체 덩어리는 점점 커지고 뜨거워졌습니다.

그러다 벌겋게 타오르며 빛나기 시작했습니다. 새로운 별, 태양이 만들어진 것입니다.
 우리가 태어날 때부터 나이를 세듯이 별도 태어날 때부터 나이를 셉니다. 태양의 나이는 46억 살입니다. 약 45억 년이 더 지나면 태양은 서서히 차가워질 것입니다. 마지막에 태양의 모든 연료가 다 타고 나면, 불길이 꺼져서 빛을 낼 수 없게 됩니다. 태양이 죽음을 맞는 것입니다.

　태양이 생기자 태양 주위를 돌던 큰 덩어리들은 행성이 되었습니다. 행성이 되지 못한 천체들은 위성이나 소행성이 되었습니다. 이 천체들은 태양을 중심으로 돕니다. 혜성도 지 먼 곳부터 아주 커다란 원을 그리며 태양 둘레를 돌고 있습니다. 이렇게 태양과 태양 둘레를 도는 천체와 태양이 영향을 미치는 우주 공간을 태양계라고 합니다.

태양의 가족, 태양계　태양계는 여덟 개의 행성과 수많은 작은 천체들로 이루어져 있습니다. 태양의 강한 중력은 수많은 천체들이 태양의 주위를 돌게 합니다. 왼쪽 면에 태양 아래를 지나가는 천체는 혜성입니다. 이 그림에서 태양과 천체들의 크기는 실제 비율과 다릅니다. 실제로는 태양이 훨씬 크지만 전체 태양계를 잘 보여 주기 위해 나머지 천체들을 크게 표현했습니다.

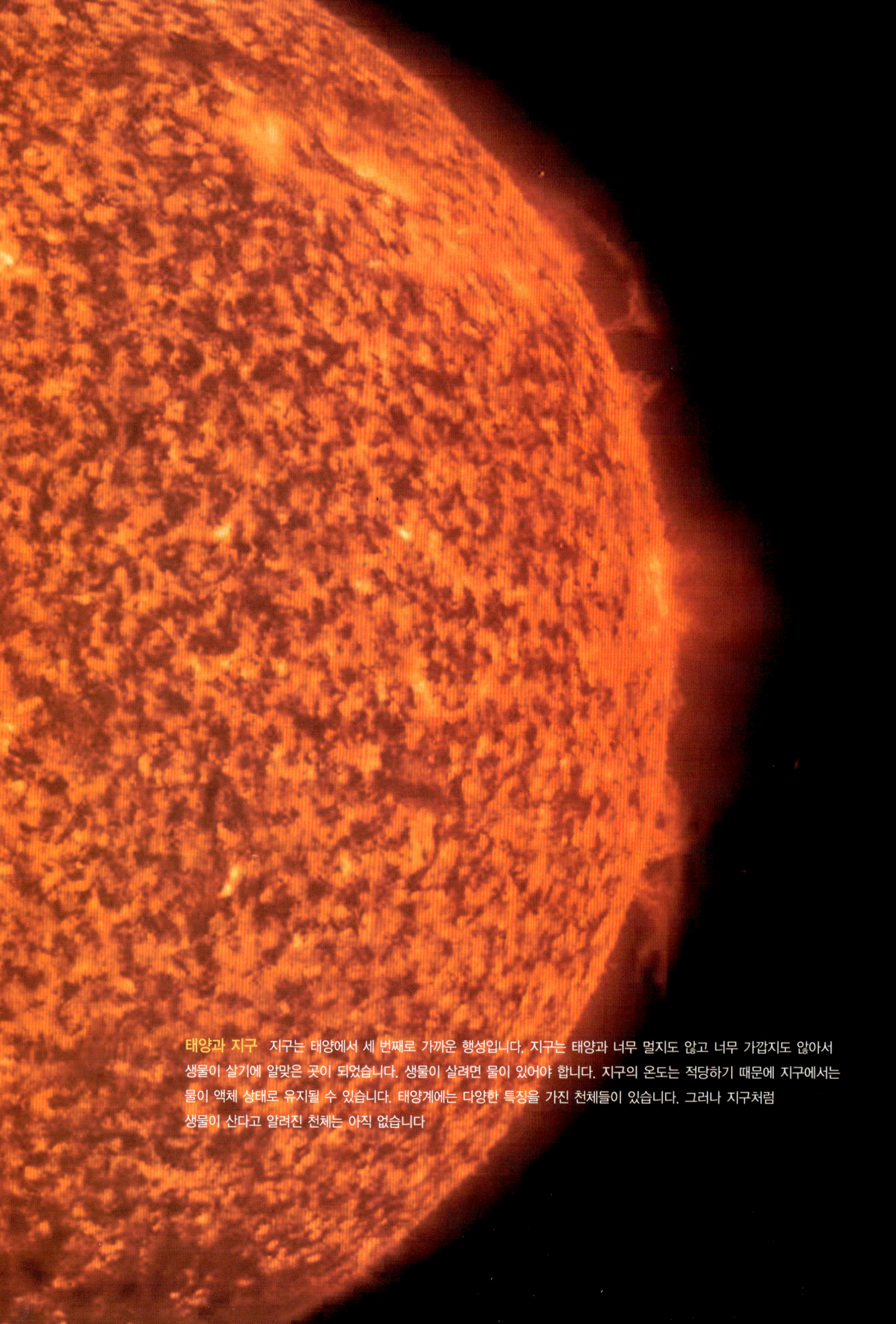

태양과 지구 지구는 태양에서 세 번째로 가까운 행성입니다. 지구는 태양과 너무 멀지도 않고 너무 가깝지도 않아서 생물이 살기에 알맞은 곳이 되었습니다. 생물이 살려면 물이 있어야 합니다. 지구의 온도는 적당하기 때문에 지구에서는 물이 액체 상태로 유지될 수 있습니다. 태양계에는 다양한 특징을 가진 천체들이 있습니다. 그러나 지구처럼 생물이 산다고 알려진 천체는 아직 없습니다

　다른 별들과의 거리를 비교하면 태양은 지구와 매우 가깝습니다. 그러나 실제로 태양과 지구 사이의 거리는 결코 가깝지 않습니다. 태양에서 지구까지의 거리는 1억 5000만 킬로미터입니다. 이것은 지구의 둘레를 3700번도 넘게 돌아야 하는 거리입니다. 한 시간에 100킬로미터를 가는 자동차를 타면 171년하고도 3달을 가야 합니다. 비행기를 타도 26년이나 걸리지요. 그런데 빛의 속도로는 8분 20초밖에 걸리지 않습니다.

태양에서 가장 가까운 별은 무엇일까요?

태양을 제외하고 지구에서 가장 가까운 별은 센타우루스자리의 프록시마입니다. 이 별까지 가려면 빛의 속도로 달리더라도 자그마치 4년 2개월이 넘게 걸립니다. 지구에서 태양까지 빛의 속도로 8분이 걸리는 것과 비교해 보면 정말 멀다는 것을 알 수 있지요?

태양계 행성들의 크기 태양과 행성들의 크기를 비교한 그림입니다. 태양계의 행성들을 커다란 순서로 나열하면, 목성, 토성, 천왕성, 해왕성, 지구, 금성, 화성, 수성 순입니다. 태양계에서 가장 큰 행성인 목성의 크기는 태양의 약 10분의 1이고, 수성의 약 30배입니다. 지구는 태양계에서 다섯 번째로 큰 행성입니다. 그런데 태양에 비하면 매우 작습니다. 태양에서 솟아오르는 불꽃보다도 작고 태양 표면에 생기는 커다란 흑점보다도 작습니다.

지구와 비교해 보면 태양은 어마어마하게 큽니다. 태양의 반지름은 지구 반지름의 108배가 넘습니다. 태양 안에는 지구가 130만 개나 들어갈 수 있습니다.

태양은 크기도 크지만 매우 무겁기도 합니다. 태양의 질량은 지구의 33만 배나 됩니다. 태양계의 행성과 위성의 무게를 모두 합쳐도 태양 무게의 1퍼센트도 되지 않습니다.

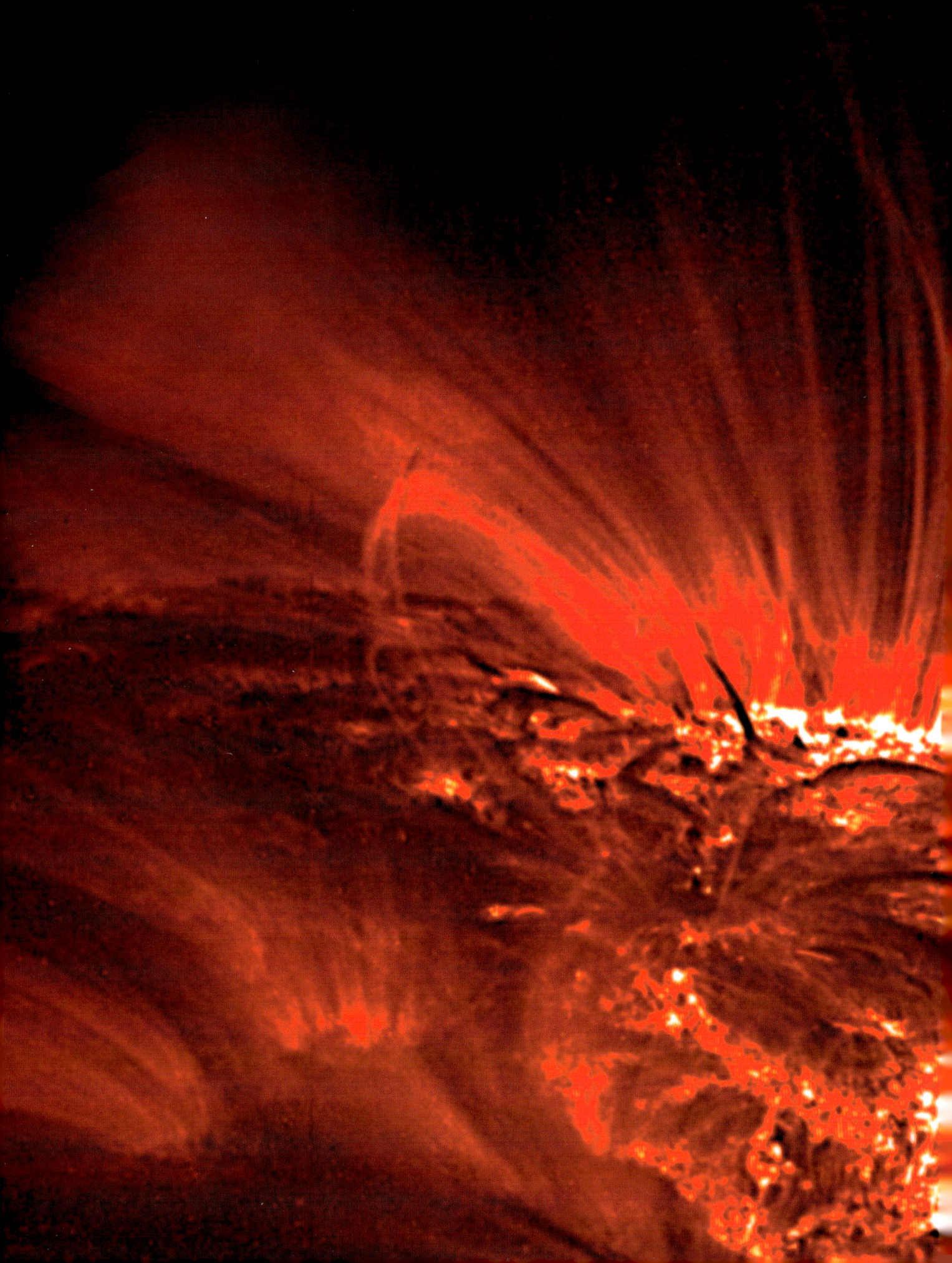

우주선을 타고 태양에 간다면 태양의 표면에 착륙할 수 있을까요? 아니요, 태양의 표면 어디에도 착륙할 수 없습니다. 태양은 거대한 기체 덩어리이기 때문입니다. 태양에는 지구와 같은 단단한 땅이 없습니다.

태양은 거의 수소 기체로 이루어졌고 언제나 활활 타고 있습니다. 태양의 중심에는 핵이 있습니다. 태양의 에너지가 만들어지는 곳입니다. 여기에서 만들어진 에너지는 복사층과 대류층을 통과하여 태양의 표면인 광구에 도착합니다. 광구 바깥쪽으로 대기층인 채층과 코로나가 있습니다.

태양의 표면 태양 활동이 약할 때 흑점 주변의 모습입니다. 태양의 표면은 언제나 이글이글 불타고 있습니다. 사진에서 어두운 곳의 온도는 수천 도이나 가운데 밝은 곳의 온도는 100만 도가 넘습니다. 이렇게 온도가 높은 까닭은 태양의 자기장 고리가 빠르게 변하기 때문입니다. 이 사진은 태양 관측 위성 트레이스호에서 찍었습니다.

태양의 표면 온도는 5800도나 됩니다. 모닥불의 온도가 260도니까 태양의 표면이 얼마나 뜨거운지 상상해 보세요. 태양의 안으로 들어갈수록 온도는 점점 높아져서 태양의 핵에 이르면 1500만 도가 됩니다. 태양의 핵에서는 핵폭탄과 같은 원리로 수소를 태웁니다. 1초에 약 7000억 톤의 수소가 타는데, 이때 엄청난 양의 에너지가 만들어집니다. 여기에서 만들어진 에너지가 태양의 표면까지 오는 데는 짧게는 300만 년, 길게는 1000만 년이 걸립니다. 이렇게 오랜 시간이 걸리는 것은 태양의 핵 주변에 굉장히 많은 물질이 모여 있기 때문입니다. 너무 빽빽해서 빛이 그 사이를 쉽게 빠져 나오지 못합니다.

태양의 내부 태양의 내부는 세 개의 층으로 나뉩니다. 핵, 복사층, 대류층입니다. 핵은 태양의 중심입니다. 여기에서 수소 핵들이 서로 합쳐져 헬륨 핵을 만들어 냅니다. 이 과정에서 에너지가 생깁니다. 복사층에서는 에너지가 바깥쪽으로 이동합니다. 가장 위에 있는 대류층에서 에너지는 기체의 흐름에 의해 위로 이동합니다. 이렇게 해서 태양의 표면에 도착한 에너지는 8분 20초 뒤면 지구에 도착합니다.

대류층

광구

복사층

핵

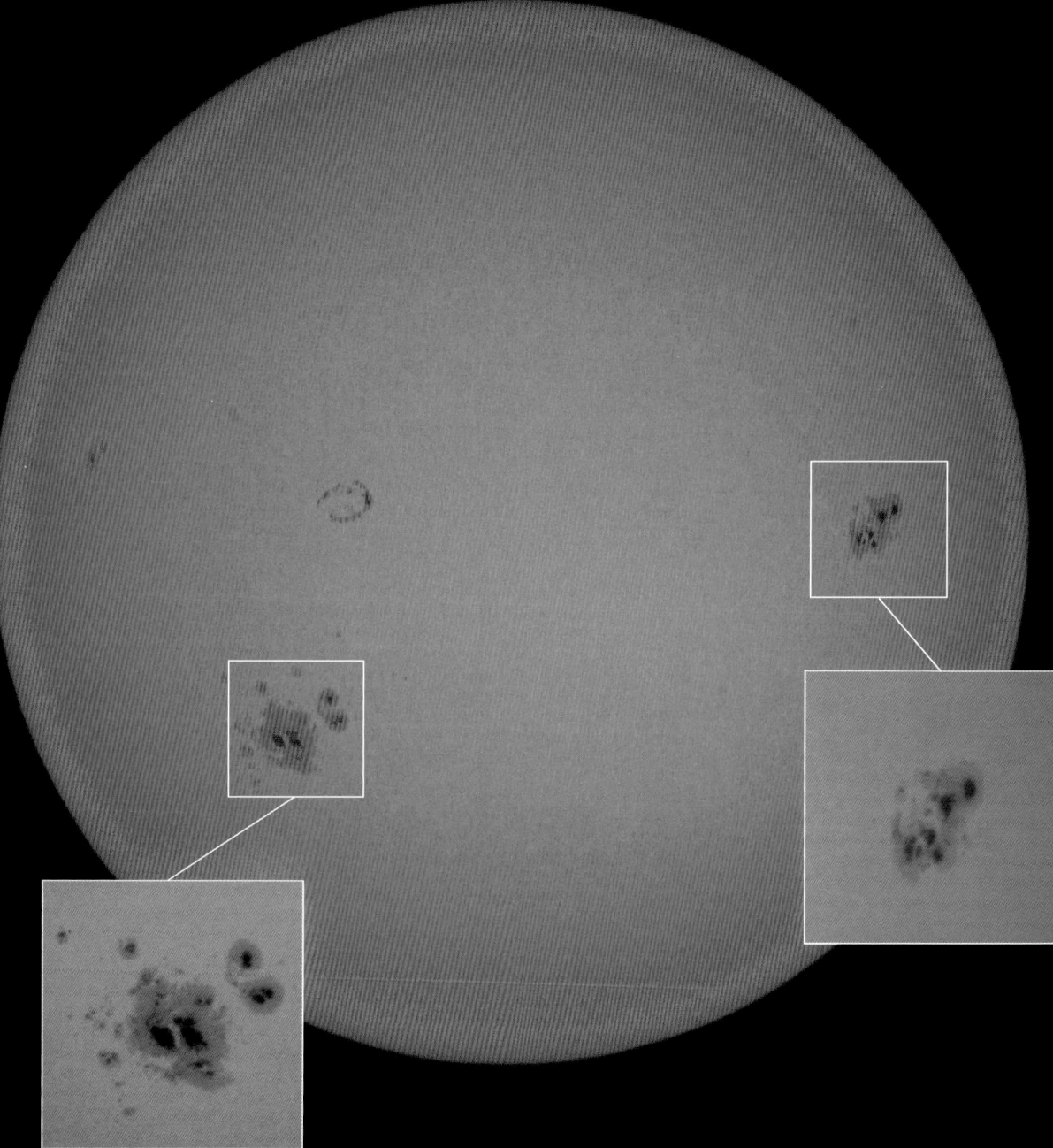

태양의 표면에 있는 작고 어두운 점을 흑점이라고 합니다. 흑점은 주변의 밝은 지역보다 온도가 약 2000도 낮아서 어둡게 보이는 것입니다. 태양의 흑점은 작은 점으로 보이지만 실제로는 지름이 수천 킬로미터에서 수만 킬로미터에 이릅니다. 커다란 흑점은 지구보다 훨씬 큽니다. 흑점은 짧으면 하루, 길면 수개월 동안 남아 있다 사라집니다.

　흑점의 수는 약 11년을 주기로 많아졌다가 줄어듭니다. 흑점이 적어질 때는 하나도 안 보일 때도 있습니다. 그러나 흑점이 많아질 때는 200개 이상 나타나기도 합니다. 이때는 태양의 활동이 매우 활발할 때입니다.

태양의 흑점 태양의 흑점과 흑점을 크게 보여 주는 사진입니다. 이 흑점들은 각각 AR0486(왼쪽)과 AR0488(오른쪽)라고 합니다. 흑점은 매일 동쪽에서 서쪽으로 이동합니다. 이것은 태양이 자전을 하기 때문입니다. 16세기 이탈리아의 과학자 갈릴레오 갈릴레이는 흑점의 움직임을 보고 태양이 자전하는 것을 알아냈습니다.

물을 끓이다 보면 냄비 밖으로 끓는 물이 튀어나올 때가 있지요? 태양의 표면에서도 순간적으로 강한 폭발이 일어날 때가 있습니다. 이것을 플레어라고 합니다. 플레어 폭발이 일어나면, 태양에서 수백 만 톤의 물질이 우주 공간으로 튀어나옵니다. 만약 플레어가 지구 쪽으로 폭발하면, 태양에서 나온 엄청난 양의 물질이 금세 지구까지 옵니다. 이 물질 때문에 지구 둘레를 돌고 있는 인공위성이 고장나기도 합니다.

플레어가 폭발할 때 태양에서 나오는 물질은 왜 지구에 해로울까요?
플레어가 폭발하면 많은 양의 엑스선과 그보다 더 강한 감마선 같은 방사선이 나옵니다. 강한 방사선은 매우 두꺼운 철판도 통과하기 때문에 인공위성을 고장나게 할 수 있습니다. 또 우주 정거장에 있는 우주인들이 방사선에 노출되면 생명이 위험해질 수도 있습니다.

태양 표면의 폭발 2003년 10월 28일, 태양에서 강력한 플레어 폭발이 일어났습니다. 태양(붉은 원 안)의 가운데 아래쪽에 있는 크고 밝은 부분에서 플레어가 나타났습니다. 사진 왼쪽과 아래쪽에 하얗게 나타난 곳은 어마어마한 양의 태양 물질이 빠르게 나오는 것을 보여 줍니다. 이 날 방출된 태양 물질은 다음 날 지구에도 영향을 끼쳤습니다. 이 사진은 플레어가 시작되고 십여 분이 지난 뒤에 소호 위성의 코로나그래프를 이용하여 찍었습니다. 코로나그래프를 이용하면, 태양 광구의 밝은 부분을 가려서 잘 보이지 않던 코로나를 볼 수 있습니다.

태양에도 지구와 같은 대기가 있습니다. 태양의 대기는 채층과 코로나입니다.

채층은 안쪽에 있는 대기층입니다. 채층의 가장자리에는 스피큘이라는 작은 불꽃들이 촘촘하게 솟아 있습니다. 채층에서는 홍염이라는 불꽃 모양의 기체 기둥도 솟아오릅니다. 커다란 홍염은 수십만 킬로미터까지 치솟습니다.

코로나는 태양의 맨 바깥쪽에 있는 대기층입니다. 코로나의 온도는 수백만 도입니다. 밀도는 매우 낮지만 태양 밖 우주 공간 멀리까지 뻗어 있습니다.

개기일식과 코로나 2006년, 이집트에서 개기일식이 일어났습니다. 달이 태양을 가리자 태양을 둘러싼 코로나가 드러났습니다. 태양의 안에서 밖으로 끊임없이 태양 물질이 불어 나가며 코로나의 끝부분을 왕관처럼 뻗친 모양으로 만듭니다.

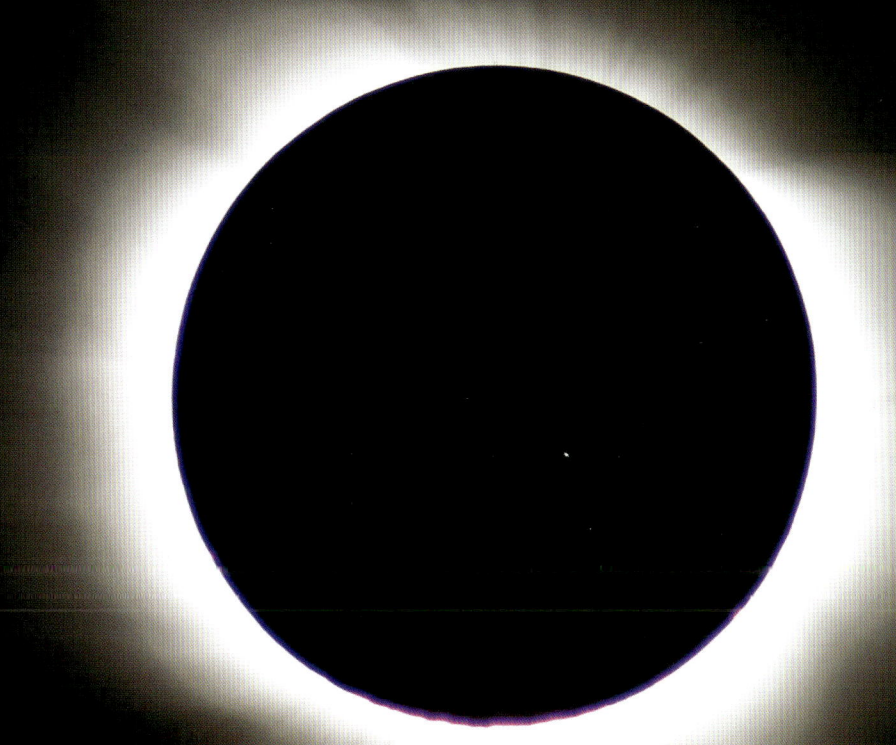

오로라 지구의 남극과 북극은 자석의 두 극처럼 자기장이 강합니다. 그래서 태양풍을 이루는 전자와 양성자 알갱이들이 지구의 두 극지방으로 몰리고, 대기 중의 공기와 충돌하여 빛을 냅니다. 이것이 오로라입니다. 오로라의 색깔은 녹색, 붉은색, 푸른색으로 다양하게 나타납니다.

촛불에 얇은 종이를 조금만 태워 보세요. 종이의 재가 순간적으로 위로 올라가는 것을 볼 수 있을 거예요. 촛불의 뜨거운 열기가 재를 밖으로 밀어내는 거랍니다. 태양의 뜨거운 열도 태양 안의 물질을 끊임없이 밖으로 밀어내려 합니다. 그래서 태양에서는 항상 태양의 물질이 우주 공간으로 불어 나갑니다. 이것을 태양풍이라고 합니다.

플레어가 폭발할 때 태양풍은 더욱 강해집니다. 강한 태양풍이 퍼뜨리는 태양 물질은 지구로 날아와 통신 장애와 정전을 일으키기도 합니다. 그러나 대부분의 경우, 지구의 자기장이 태양풍을 막아 줍니다. 이때 북극과 남극의 하늘에서는 오로라가 만들어집니다.

태양풍과 플레어는 무엇이 다를까요?
태양풍과 플레어, 둘 다 태양의 물질이 밖으로 나오는 현상입니다. 그러나 일어나는 시기와 강도는 다릅니다. 태양풍은 평균 초속 400~800킬로미터의 속도로 항상 불어 나옵니다. 플레어는 일시적으로 일어납니다. 태양 표면의 폭발에 의해 물질이 매우 빠른 속도로 분출되는 현상인데, 그 속도는 초속 수만 킬로미터에서 십만 킬로미터에 이릅니다. 그리고 플레어가 폭발할 때는 순간적으로 태양풍보다 훨씬 많은 물질이 나옵니다.

해왕성 너머의 우주 태양의 저 먼 곳에 있는 명왕성과 위성 카론을 상상한 그림입니다. 명왕성은 태양계의 마지막 행성인 해왕성보다 더 멀리 있는 천체입니다. 태양에서는 60억 킬로미터 떨어져 있는데, 이 거리는 태양과 지구 거리의 40배나 됩니다. 지금까지 우주 탐사선 보이저 1호와 2호만이 명왕성을 지났습니다.

태양풍은 아주 멀리 불어 나갑니다. 태양계의 마지막 행성은 해왕성입니다. 해왕성은 태양에서 약 46억 킬로미터 떨어져 있습니다. 지구와 태양 사이 거리의 30배나 되지요. 태양풍은 해왕성을 지나 더 먼 곳으로 퍼집니다.

　태양풍의 흐름을 계속 따라가다 보면, 더 이상 태양풍의 영향력이 머치지 못하는 곳이 있습니다. 태양풍이 우주 공간의 입자들과 완전히 섞이는 곳입니다. 이곳을 태양권계면이라고 합니다. 태양권계면은 태양과 지구 거리의 100배 이상 떨어진 곳에 있습니다.

우리가 쓸 수 있는 에너지는 태양으로부터 옵니다. 태양이 식물을 자라게 하고 동물은 식물을 먹고 자랍니다. 우리는 식물과 동물을 먹고 자랍니다. 그러니까 우리가 먹는 음식은 태양에서 비롯되었지요.

만약 태양이 없다면 지구에는 언제나 깜깜한 밤만 계속될 것입니다. 모든 것이 꽁꽁 얼어붙고 아무것도 살 수 없게 되겠지요. 태양은 지구에 생명체가 살 수 있도록 해 주는 고마운 별입니다. 수십억 년 동안 태양은 지구에 필요한 에너지를 주었고 앞으로 수십억 년 동안 계속 그럴 것입니다.

우주에서 바라본 해넘이 사하라 사막 너머로 태양이 지고 있습니다. 우주 비행사가 우주 정거장에서 찍은 해가 지는 풍경입니다. 우주 비행사가 이 장면을 찍을 때, 우주 정거장은 아프리카 수단의 위쪽에 있었습니다. 태양이 뜨고 질 때면, 빛이 대기 중에 흡수되는 양이 많아져서 대낮의 태양보다 훨씬 붉게 보입니다.

| 자세히 읽는 태양 이야기 |

태양 태양계의 어머니

태양은 지구에서 가장 가까운 곳에 있는 별입니다. 태양은 지구와 가깝기 때문에 별 중에서도 가장 크고 가장 밝게 보입니다. 태양은 뜨겁고 거대한 기체 덩어리입니다. 태양의 표면은 이글이글 타고 있고 크고 작은 불꽃들이 솟아오릅니다. 태양은 우주에 있는 수많은 별 가운데 하나지만 태양계에서는 어머니와 같은 별입니다. 태양계의 천체들은 태양의 빛과 열을 받으며 제 모습을 유지합니다.

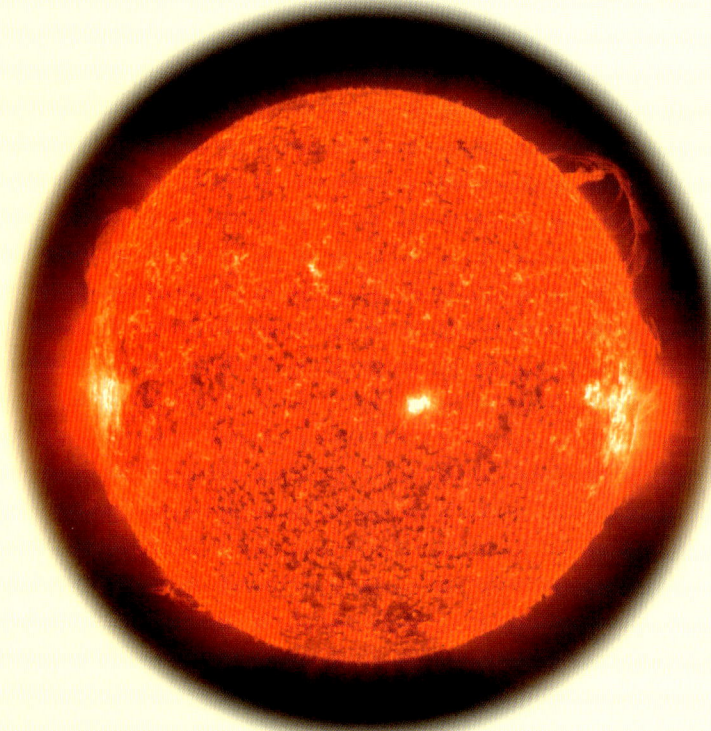

커다란 불덩어리, 태양 태양은 활활 타는 불덩어리입니다. 태양의 표면 온도는 곳곳마다 차이를 보입니다. 하얀 곳이 가장 뜨겁고 어두운 곳은 다른 곳보다 온도가 낮습니다. 태양의 가장자리에 크고 작은 홍염이 솟아 있습니다.

우리의 별, 태양

태양은 우리 은하의 나선 팔에 있는 별입니다. 별은 스스로 빛을 내는 천체를 말합니다. 태양은 수소와 헬륨 기체로 이루어져 있고 끊임없이 수소를 태우며 빛과 열을 냅니다. 태양의 반지름은 지구 반지름의 약 109배이며 부피는 지구 부피의 130만 배입니다. 태양은 지구 질량의 33만 배에 이르는 엄청난 질량을 가지고 있습니다. 이것은 태양계 전체 질량의 99.86퍼센트를 차지하는 양입니다. 태양은 공전과 자전 운동을 합니다. 태양은 우리 은하의 중심을 약 2억 2600만 년에 걸쳐 공전하고 약 한 달에 걸쳐 자전을 합니다.

태어나고 죽는 별

태양은 약 46억 년 전에 태어났습니다. 현재 태양은 주계열성 단계입니다. 핵에서 수소를 태워 에너지를 내지요. 태양은 앞으로 약 45억 년 동안 빛을 낼 수소 연료를 가지고 있습니다. 45억 년이 지나 태양의 연료가 다 타고 나면, 태양은 부풀어서 커다랗고 붉은 적색거성이 됩니다. 약 1억 년이 더 지나면 적색거성은 줄어들며 하얗고 작은 백색왜성이 됩니다. 백색왜성의 둘레에는 기체로 된 고리 모양의 행성상 성운이 생깁니다. 백색왜성도 식으면 마지막으로 흑색왜성이라고 불리는 어둡고 차가운 천체가 됩니다.

태양의 중심, 에너지를 만들다

태양의 한가운데에는 핵이 있습니다. 태양의 핵의 온도는 약 1500만 도입니다. 핵에서 수소 원자가 결합해서 헬륨 원자로 바뀌는 핵융합 반응이 일어나고, 이때 에너지가 만들어집니다. 핵에서 만들어진 에너지는 수백만 년에 걸쳐 태양의 표면에 이릅니다. 태양의 표면에 이른 빛이 지구에 오는 데는 8분 20초가 걸립니다.

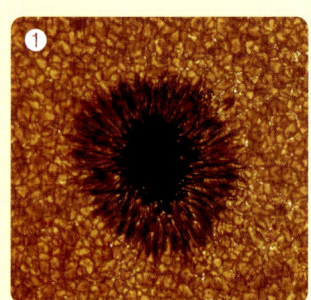
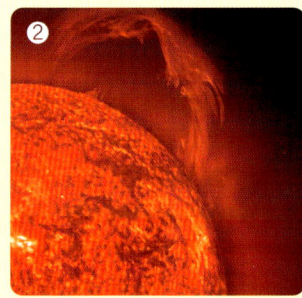
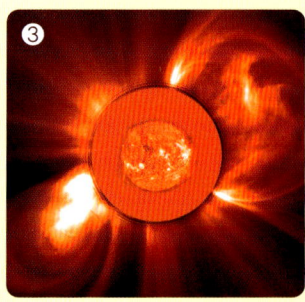

❶ **흑점** 흑점은 밝은 부분에 비해 온도가 2000도 정도 낮아서 어둡게 보입니다. 흑점은 일정한 기간이 지나면 사라집니다.

❷ **홍염** 홍염은 태양에서 솟아오르는 거대한 불꽃입니다. 지금까지 관측된 가장 큰 홍염의 길이는 35만 킬로미터로 지구 지름의 28배나 됩니다.

❸ **태양풍** 두 개의 태양풍이 대각선 방향으로 나오고 있습니다. 태양풍은 태양에서 나오는 태양 물질로 태양계 멀리까지 퍼집니다.

불타오르는 태양의 표면

보통 광구를 태양의 표면이라고 합니다. 우리가 볼 수 있는 태양의 빛은 광구에서 옵니다. 광구의 온도는 5800도입니다. 광구의 두께는 500킬로미터이며 안으로 들어갈수록 밀도가 급격히 높아집니다. 광구에는 흑점이 나타납니다. 광구 밖에는 채층과 코로나로 불리는 대기층이 있습니다. 채층의 두께는 평균 5000킬로미터입니다. 채층에는 작은 불꽃 모양의 스피큘이 나타납니다. 그리고 거대한 기체 기둥인 홍염이 솟아오릅니다. 채층 바깥에 있는 코로나는 약 100만 도의 높은 온도를 가진 대기층입니다.

태양풍의 영향

태양풍은 태양에서 태양 물질이 끊임없이 불어 나오는 것입니다. 태양이 굉장히 뜨거워서 태양의 물질이 태양 밖으로 나오는 것이지요. 태양풍은 플라스마 상태입니다. 쉽게 말하면, 태양풍은 전자와 양성자 알갱이로 되어 있다고 할 수 있습니다. 태양풍은 2~3일이면 지구 근처에 오게 되고 지구 주변의 우주 환경을 변화시키기도 합니다. 태양풍은 지구와 태양 거리의 약 110배나 되는 곳까지 퍼져 나갑니다. 태양풍이 더 이상 미치지 않는 곳을 태양권계면이라고

태양풍과 지구 태양풍이 지구 방향으로 나오고 있습니다. 2~3일이면 태양풍은 지구에 이르고 지구의 자기장이 이 물질을 막아 냅니다. 지구의 극에서 이어지는 파란 선들은 지구의 자기장을 나타냅니다.

합니다. 그러나 이것이 태양계의 끝이 아닙니다. 태양의 중력은 태양권계면을 지나 오르트 구름까지 영향을 미칩니다. 그 거리는 2광년, 지구와 태양 거리의 약 5만 배에 이르는 곳입니다.

우주 날씨와 태양 관측

우주에서 일어나는 일들은 지구에 사는 사람들에게 영향을 줍니다. 특히 태양에서 일어나는 여러 가지 활동은 태양계의 환경에 큰 영향을 줄 수 있습니다. 태양풍이 강해지면 인공위성이 고장나고 통신 장애가 일어나고 장시간 정전이 될 수도 있습니다. 그렇기 때문에 이제 우주 날씨를 관측하는 것은 지상에서의 날씨 관측처럼 중요한 일이 되었습니다. 우리 생활에 직접적으로 영향을 주는 우주 환경의 변화를 정확하게 알기 위해서 많은 과학자들이 태양의 변화를 항상 관측하고 있습니다.

스피큘 채층에서 솟구치는 3000~1만 킬로미터의 기체 기둥을 스피큘이라고 합니다. 태양에는 항상 10만 개 정도의 스피큘이 있습니다.

박영득

1955년 경상북도 군위군에서 태어났습니다. 서울대학교 천문학과에서 태양물리학을 공부했습니다. 한국천문연구원에서 우주과학연구부장과 선임연구부장을 거쳐 현재 태양우주환경연구그룹의 책임연구원을 맡고 있습니다. 보현산 천문대에 태양 플레어망원경을 건설했고, 태양 분광망원경을 설치했으며, 코로나그래프의 제작 기술을 개발하는 등 여러 가지 태양 관측 기구를 개발했습니다. 또 국내 우주 환경 연구자들의 모임을 만들고 우주 환경 감시 자료를 공군에게 제공하여 국내 우주 환경 연구의 기반을 마련했습니다. 현재 우주환경예보센터를 세우는 일을 총책임지고 있습니다. 박영득 선생님은 세계 여러 곳에서 개기일식을 관측했습니다. 멕시코, 이집트, 잠비아, 중국 등지에서 개기일식을 관측하고 그때마다 생생한 사진과 자료를 남겼습니다. 이 책에 실린 개기일식 사진도 선생님이 2006년 이집트에서 직접 찍은 것입니다.

사진 저작권과 사진 출처

이 책을 만드는 데 필요한 사진을 제공해 주신 모든 단체와 개인들에게 감사드립니다.

2-3쪽 신중환; 4-5쪽 SOHO (ESA & NASA); 6-7쪽 ESO/S. Steinhofel; 8-9쪽 NASA/JPL; 10-11쪽 태양 SOHO (ESA & NASA), 지구 Reto Stockli, based on data from NASA and NOAA.; 12-13쪽 Openkid; 14-15쪽 TRACE Project, NASA; 16-17쪽 SOHO (ESA & NASA); 18-19쪽 한국천문연구원; 20-21쪽 SOHO/LASCO (ESA & NASA); 22-23쪽 박영득; 24-25쪽 SOHO (ESA & NASA); 26-27쪽 ESO; 28-29쪽 Image courtesy of the Image Science & Analysis Laboratory, NASA Johnson Space Center.; 30-31쪽 태양 SOHO (ESA & NASA), 흑점 Goran Scharmer,the Royal Swedish Academy of Sciences, 홍염 SOHO (ESA & NASA), 태양풍 SOHO (ESA & NASA), 태양풍과 지구 SOHO (ESA & NASA), 스피큘 SOHO (ESA & NASA); 앞표지 태양 본문 2-3쪽과 동일; 속표지 태양 정보면 30쪽과 동일; 뒤표지 태양 표면 본문 14-15쪽과 동일
*NASA: 미국항공우주국 ESA: 유럽우주국 ESO: 유럽남천문대 SOHO: NASA와 ESA에서 쏘아 올린 태양 관측 인공위성 TRACE: NASA에서 쏘아 올린 태양 관측 인공위성

태양 — 태양계의 어머니
박영득 지음

초판 1쇄 발행 2010년 6월 15일 | 초판 2쇄 발행 2016년 11월 21일
펴낸이 김덕균 | 펴낸곳 오픈키드(주)열린어린이
책임편집 편은정 | 편집 서윤정 김정미 | 디자인 이은주 | 관리 권문혁 김미연
출판신고 제2014-000075 | 주소 서울시 마포구 월드컵북로5가길 17 3층 | 전화 02)326-1284 | 전송 02)325-9941

ⓒ 박영득, 열린어린이 2010

ISBN 978-89-90396-76-1 74440
ISBN 978-89-90396-73-0 (세트)

값 12,000원

이 책은 저작권법에 따라 보호받는 저작물이므로 무단 전재와 복제를 금하며,
이 책 내용의 전부 또는 일부를 재사용하려면 반드시 열린어린이의 서면 동의를 받아야 합니다.
KC마크는 이 제품이 공통안전기준에 적합하였음을 의미합니다. 책 모서리에 다치지 않게 주의하세요.